교양만화로 배우는 글로벌 인생 학교

어메이징
디스커버리 ❷
부탄

글·그림 김재훈 | 감수 윌리엄 리

어메이징 디스커버리 ❷
교양만화로 배우는 글로벌 인생 학교

위즈덤하우스

| 차례 |

등장인물 소개 _006

제1화 웬 부탄? _008

제2화 가난해도 행복해? _020
홍설록 보고서 : 부탄이라는 나라

제3화 용의 나라 _034
강가영 보고서 : 용과 양귀비
신수길 보고서 : 내렸다가 다시 뜨는 비행기

제4화 소박한 풍미 _048

제5화 파로에 내리다 _060
장화순 보고서 : 예의 바른 첫 만남
홍설록 보고서 : 환전의 경험

제6화 개판 _074

제7화 나눔 _086

제8화 바람과 물 _098
신수길 보고서 : 부탄과 인도의 긴밀한 관계
홍설록 보고서 : 사람 신호등

제9화 영어를 잘해? _112

제10화 땅을 줘요? _124
신수길 보고서 : 부탄의 인기 직업, 공무원?
장화순 보고서 : 부탄의 가족제도

제11화 세계의 지붕 _138

제12화 아버지 _150

제13화 행복 논쟁 _162
　　강가영 보고서 : 부탄 역사, 세 사람
　　장화순 보고서 : 모바일과 자동차

제14화 축제 _176

제15화 끝내 지키려는 것들 _188
　　강가영 보고서 : 활쏘기
　　강가영 보고서 : 좁은 동네

제16화 민속 _202

제17화 오, 감자! _214
　　신수길 보고서 : 산속의 부자
　　홍설록 보고서 : 유기농의 속사정

제18화 내어주고 얻는 것 _228

제19화 믿는 구석 _240

제20화 초월 _252

제21화 잘 배우고 건강하게 _264
　　홍설록 보고서 : 부탄의 보건

제22화 화평 _278

　　작가의 말 _290

등장인물 소개

홍설록

우유부단한 성격이지만 강가영에 관한 일이라면 망설이지 않고 실행하는 행동파. 창의적이고 상상력이 풍부하다.

강가영

홍설록에 대한 속마음이 알쏭달쏭하다. 원하는 것은 꼭 해내는 성격. 먹을 것을 좋아하는 단순한 면도 있다.

장화순

홍설록의 친구. 학력은 높지만 생각이 너무 많아 아직 백수이다. 냉소적이고 회의적인 성격이지만 은근히 주변을 챙긴다.

백범영
대한민국 최고 대학의 사회학과 교수이자 사회과학대 학장. 행복에 관한 연구 논문을 준비하고 있다. 하지만 진짜 목적은 따로 있는데…….

신수길
소위 스펙 좋은 교수이지만 상상력이 부족해 스승인 백범영에게 늘 구박받는다. 세상을 물질과 숫자로만 바라보는 속물적인 성격.

장석대
대한민국 서열 1위 기업의 소유주이자 회장. 백범영 교수에게 거액의 비밀 프로젝트를 제안하는데…….

장장미
장석대 회장의 손녀이자 장화순의 누나. 장미그룹 산하 장미재단의 홍보책임자를 맡고 있다.

제1화

웬 부탄?

영국의 소설가 제임스 힐튼은
1933년에 쓴 『잃어버린 지평선』에서
히말라야 산중 깊은 곳에 위치한 유토피아를 그렸다.
그 땅의 이름은 샹그릴라.
고립무원의 신비로운 이상향.
최근 들어 부탄을 찾는 외국인들은 그곳이야말로
지구상에 남은 마지막 '샹그릴라'라고 말한다.

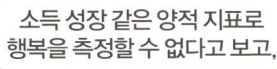

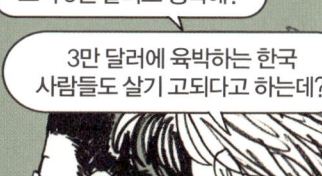

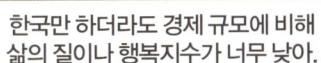

"근데 너희 아버지 부탄에 왜 가셨대?"

"내가 어떻게 알겠냐?"

"회장님은 아버지 거기 계신 거 어떻게 아셨대?"

"아버지가 전화했대. 나 보내라고."

"가야겠네?"

"모르겠어."

"얼마나 됐지?"

"거의 10년…."

"가야겠네…."

제2화
가난해도 행복해?

1970년 당시 한국과 부탄의 1인당 국민소득은
각각 225달러와 212달러. 두 나라는 거의 같은 출발선 위에 있었다.
약 반세기가 지난 오늘날 한국인의 연간 평균 소득은 3만 달러에 달하고,
부탄은 3천 달러를 웃돈다.

부자가 되기를 원해 성장과 무한 경쟁의 길로 내달린 나라,
급성장보다 전통과 자연을 보존하는 길을 택한 나라.
어느 길이 더 옳았던 걸까?

* **GNH** Gross National Happiness, 국민총행복

* **일일체제비** 부탄에 머무는 날짜를 계산하여 하루에 성수기(3, 4, 5, 9, 10, 11월)는 250달러, 비수기(1, 2, 6, 7, 8, 12월)는 200달러를 미리 지불해야 입국할 수 있다. 납부 뒤에는 현지에서 개인 용돈 정도만 지참하면 된다.

　해외 여러 나라를 제법 많이 가봤다는 사람을 붙잡고 물어봐도 부탄은 가봤다는 사람이 별로 없습니다. 개중 몇몇은 언젠가 한번 꼭 가볼 거라고 버킷리스트에 올려놓았다고 말하죠. 그러니 한 번 다녀온 경험으로 "내가 가봐서 아는데 말이지" 하면서 설을 풀기에 딱 좋은 나라입니다.

　그럼에도 선경험자가 되어 지인들 모아놓고 우쭐대거나, 블로그와 SNS 등에 사진과 짧은 글을 올리며 부러움 수집하는 즐거움을 누리려고 시간 내고 돈 들여 여행지로 선뜻 정하기에는 어렵습니다. 마음 설레게 하고 발걸음을 재촉할 만큼 빼어난 곳이라고 확신할 수 없기 때문입니다. 매스컴이나 지면에서 보는 '신비로운 땅'이라는 소개를 무작정 믿는다 해도 워낙 알려진 정보기 없으니 기대가 위험 부담을 누르기에는 역부족입니다.

　단지 가난하고 험준한 곳일 거라는 우려가 발목을 잡는 것만은 아닐 겁니다. 인도나 실크로드를 향해 떠나는 이들은 고생길이 펼쳐질 걸 뻔히 예상하면서도 웃는 얼굴을 하고 부푼 가슴을 안고 여정에 오릅니다. 그런 곳들은 세계사 시간에 배우고 책으로 읽고 영화와 드라마에서 본 역사와 문화의 장면들이 있기 때문에 백문으로 아는 걸 일견으로 마무리할 일만 남았다는 걸 스스로 보증할 만하죠.

　부탄은 솔직히 그럴 만한 게 없습니다. 인도와 네팔 그리고 지금은 중국에 속한 티베트 등과 히말라야산맥을 공유하는 국가지만 애써 지도에서 위치를 찾기 전에는 어디에 있는지도 모를 정도로 눈에 띄지 않는 작은 나라입니다. 역사도 짧고 인구도 적고 땅도 보잘것없이 작죠. 교과 과목 시험에서 문제가 나올 만한 주류 역사의 범위에서도 한참 벗어나 있고 산중 내륙에 있으니 휴양지로도 부적합합니다. 가난한 나라라서 물자가 풍부하지 않으니 쇼핑하는 재미는 아예 없다고 봐야 합니다.

　부탄에 대해 제법 안다는 이들이 특이한 얘깃거리로 삼는 소재는 하나 있습니다. "그 나라는 왕이 스스로 권력을 내려놓고 입헌민주제를 실행했대"라는. 하지만 군주제에서 민주정으로의 평화로운 이양이라는 매력적인 모델로 삼기에는 부탄이라는 나라는 좀 약합니다. 그 조그맣고 주변국에 영향력도 없는 알려지지 않은 나라의 통치권이 뭐 그리

홍설록 보고서 :
부탄이라는 나라

대수일까라는 생각이 듭니다.

그런데 최근에 주목받는 이야깃거리가 있습니다. 유럽신경제재단에서 발표하는 행복 보고서에 딱 한 번 1위로 꼽혔다는 사실, 그리고 해당 정보로 검색하다 보면 알게 되는, 부탄은 국민총생산이나 소득보다 국민총행복지수(GNH)를 정책 입안의 근간에 둔다는 사실입니다.

어쩌면 그 하나의 사실이 부탄이라는 나라로 향하게 하는 첫 번째 이정표일지도 모르겠습니다. GNH라는 명명은 우리가 익히 아는 GDP(국민총생산)와 맨 앞머리 글자 및 글자 수는 맞췄는데 담고 있는 의미는 전혀 다릅니다. 경제, 소득 같은 다소 정량적이고 차가운 느낌이 아닌 행복, 자연친화 같은 따스한 느낌. 각박한 대도시를 살아가는 현대인들의 감성을 유혹하기에 좋습니다. GNH에서 'Happiness'의 실상, 그 나라 행복의 진위를 따져보는 것.

소위 4대 문명권에 속한다는 황하와 인더스의 광휘가 가닿기에도 역부족이었던 터라 변변찮은 유적 하나 나눠받지 못해서 과거 역사가 일천하고 현재도 빈곤한 나라, 부탄. 그럼에도 '주민 행복', '지속 가능성', '삶의 만족도'와 같은 청정한 느낌의 단어들로는 복지 선진국들과 함께 거론되는 나라. 짐짓 그런 내용을 국가 브랜드 이미지로 삼는 것 같은 부탄이라는 나라의 실상이 허한지 실한지 살피는 것도 재미라면 재미일 것입니다.

* 더불어 부탄을 설명하는 의미 있는 키워드 중 하나는 바로 '불교'입니다. 부탄에서 불교는 종교를 넘어 생활이자 문화이기에 국민들의 행복지수와도 떼려야 뗄 수 없는 관계입니다. 석가모니가 불교를 세운 곳은 인도인데 인도는 10세기 이슬람의 침략으로 불교가 사라지죠. 그 인도의 마지막 불교의 모습을 오롯이 가지고 있는 나라가 부탄입니다. 그래서 여행자 중에서도 사실 불자가 많고, 그들에게는 무척 의미 있는 장소입니다.

제3화

용의 나라

이집트의 피라미드나 브라질의 삼바 축제 등
한 나라를 대표하는 유적이나 문화는 그 나라의 브랜드로 곧잘 인식된다.
오늘날 부탄이라는 나라를 상징하는 브랜드는 국민총행복지수인 GNH,
그리고 20세기 산업화와 모더니즘의 풍파를 이겨낸 부탄의 전통 문화다.

100년 된 부탄의 왕조가 국가의 정체성을 유지하며 조성한 그 모든 것은
전 국민 75퍼센트의 삶과 정신을 지배하는
불교 신앙이 떠받치고 있다.

설명이 더 필요해??

설명 말고 머리를 민 이유가 궁금….

이걸봐!

부탄 국기잖아?

그래! 아는군.

이 국기의 노란색은 군주를 상징하고,

주황색은 불교 신앙을 나타내는 거야.

거기에 순결한 흰색은 뇌룡!

발톱으로 움켜쥔 여의주는 보물, 부를 상징해.

부탄은 왕권과 불교 신앙이 나란히 버티고 서서 융합한 국가란 말이다.

제정일치라는 거야?

제도상으로는 분리되었지만 그중 하나를 빼고 존립할 수 없다는 거야.

현실 사회를 담당하는 세속 군주.

정신 문화를 담당하는 종교 지도자.

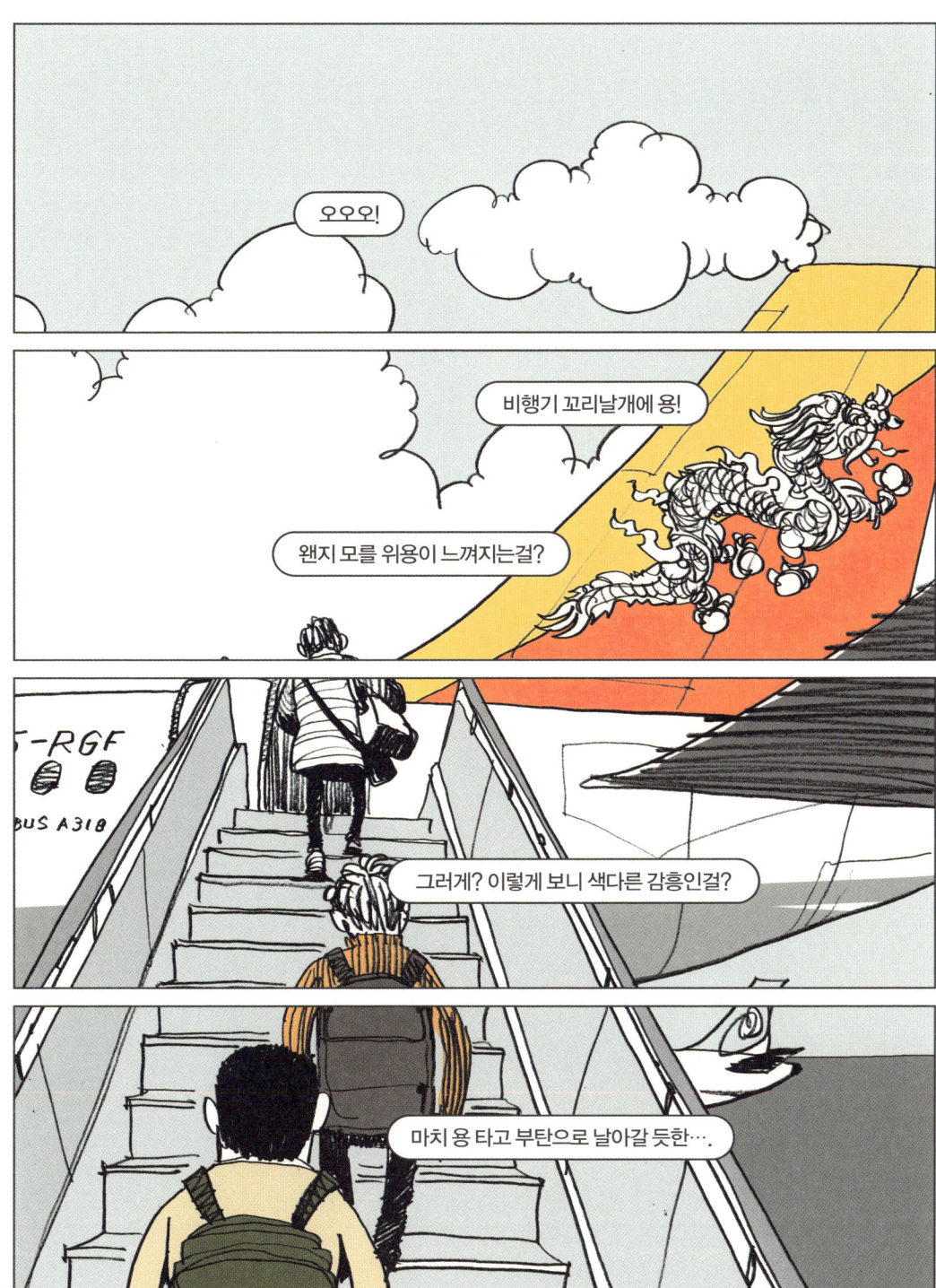

강가영 보고서 :
용과 양귀비

　부탄의 국기에는 용이 한 마리 통째로 들어 있습니다. 여느 국기에서처럼 양식화한 도안의 형태가 아닌 수염과 비늘도 세세히 그려져 있고 여의주를 움켜쥔 발톱 모양도 생생한데다 눈매와 표정은 만화 『드래곤볼』에 나오는 그림 같습니다.

　이 생소하기 이를 데 없는 국기를 대하는 느낌과 필적하기로는 아마 웨일스 정도밖에 없을 겁니다. 그러고 보니 둘 다 용이네요. 웨일스 국기의 용은 날개 달린 서양 용, 부탄의 것은 우리한테 익숙한 동양 용.

　미에 관한 기준은 상대적이라 보는 이의 관점과 경험한 문화에 따라 다르겠지만 국기 디자인으로 그리 세련되어 보이지는 않을지도 모르겠습니다. 게다가 용의 이미지가 크기를 다르게 사용할 수 있는 도안 틀로 마련되어 있지 않다면 필요할 때마다 몸통에 빼곡한 비늘을 일일이 그려야 할 텐데, 대한민국 국기를 구상한 선조들이 비천상문을 채택하지 않은 것이 다행이라는 생각도 듭니다.

　그런데 부탄에서 이곳저곳을 다니다 보면 기념품이나 안내 표지 같은 곳에 아주 예쁜 푸른색 꽃 이미지와 부탄을 영문으로 표기한 세련된 글씨체가 함께 있는 조합을 볼 수 있습니다. 꽃의 묘사도 세밀함과 생략이 적절하고 캘리그라피로 표현한 글씨체도 매끈합니다. 두 요소 간 비율도 알맞고 여백의 미도 훌륭하죠. 전통과 민속에 충실하다 보니 다소 투박해 보이는 다른 이미지들 사이에서 돌출되어 보일 정도로 모던한 이건 뭘까요?

　양귀비라고 합니다. 푸른 양귀비는 부탄의 국화입니다. 물감으로는 흉내 낼 수 없는 고우면서도 서늘한 색을 발하는 이 꽃은 히말라야 고산지대에서 서식하는 신비의 꽃이라서 어지간한 운이 아니라면 발견조차 하기 어렵다고 합니다.

신수길 보고서 :
내렸다가 다시 뜨는 비행기

  인천공항에서 부탄에 가려면 보통 태국의 방콕을 경유하게 됩니다. 수완나품 공항에서 아담한 사이즈의 드룩에어 항공 비행기로 갈아타서 간단히 기내식 먹고 눈 좀 붙이고 있노라면 도착 예정 시간을 좀 남겨둔 때에 기내방송에서 뭔가를 알려줍니다. 부탄 말인지 인도 말인지 다음에 나오는 영어방송을 잠결에 흘려듣는데 아마 이제 곧 활주로에 내릴 거라고 짐작하면 아니나 다를까 비행기는 고도를 낮추기 시작하죠.

  출발 전에 미리 검색해본 바로는 부탄 파로 공항은 산중에 있어서 곡예비행을 하듯 아슬아슬한 착륙을 한다고 했으니 잔뜩 기대하고 창밖을 내다보았습니다. 그런데 별다를 것 없었습니다. 그저 어느 낙후된 마을 공항에 덜커덩 내려앉았을 따름이었죠. 앞선 여행자들의 설에 거품이 끼었구나 생각하며 이제 드디어 부탄 땅에 발 딛겠구나 하는데, 비행기가 완전히 멈춰도 문 열어줄 기미가 안 보입니다. 그러다가 승무원의 안내를 받으며 승객 몇몇이 짐을 챙겨 내리는데, 여태까지 비행기 타면서 겪었던 통상의 절차가 아닙니다. 이를테면 선택적으로 내리는 느낌이랄까? 그렇다고 VIP를 먼저 배려하는 특별함도 아닙니다. 그들이 떠난 빈자리도 어차피 일반석이니까요. 게다가 외부에서 비행기에 올라타서 몇 자리를 다시 채운 이들도 있는 것 같습니다. 뭐지? 승무원들의 동태로 보아 기내 분위기가 재정비된 것 같더니 비행기가 서서히 다시 움직이고 이내 또 이륙합니다. 대체 뭘까요?

  아직 부탄이 아니었던 겁니다. 비행기가 내린 곳은 국경에 인접한 인도의 어느 마을이 있다고 합니다. 버스로 치면 직행이 아니라 경유지가 있는 버스인 셈이죠.

  나중에 안 사실이지만 인도 사람들은 부탄에 출입국할 때 다른 외국 사람들과 달리 '프리패스'라고 합니다. 입국하려면 경비를 선불로 내고 비자를 발급받는 까다로운 절차를 받아야 할 만큼 일정 부분 쇄국정책을 유지하는 부탄임에도, 인도 사람들은 무비자로 드나듭니다.

  이쯤되면 부탄과 인도 두 나라의 특별한 관계가 궁금해집니다.

제4화
소박한 풍미

남들보다 더 나은 걸 갖고 더 돋보이려는 욕심이 튀어 오르면,
남들만큼 가지려 하고 남들처럼 따라 하려는 풍조가 생겨나게 마련이다.
그래서 욕망이 부른 유행은 그저 내 모습을 가꾸는 개성과 태생부터 다르다.

부탄은 근대화가 더뎌서 아직 욕망이 잠자고 있는 것일까?
아니면 사람들이 애초부터 욕심부리지 않고 근대화를 늦춘 것일까?

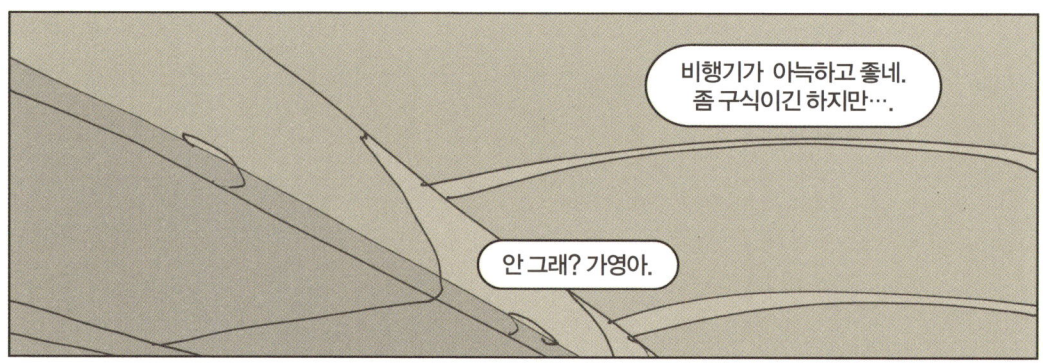

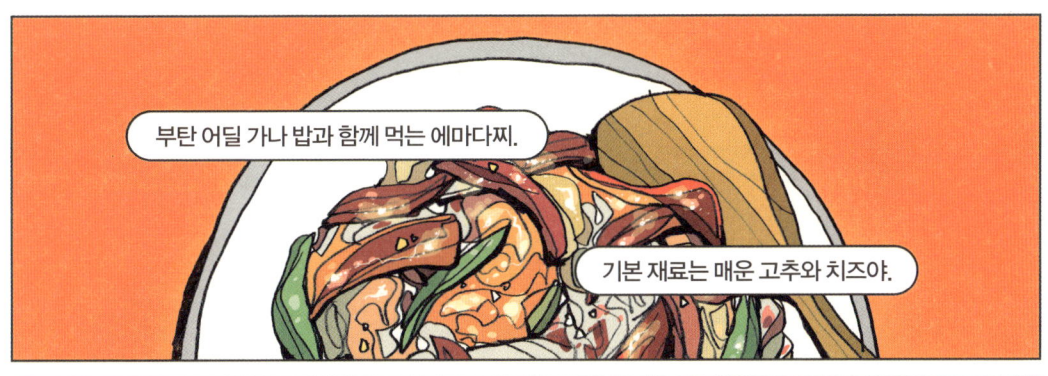

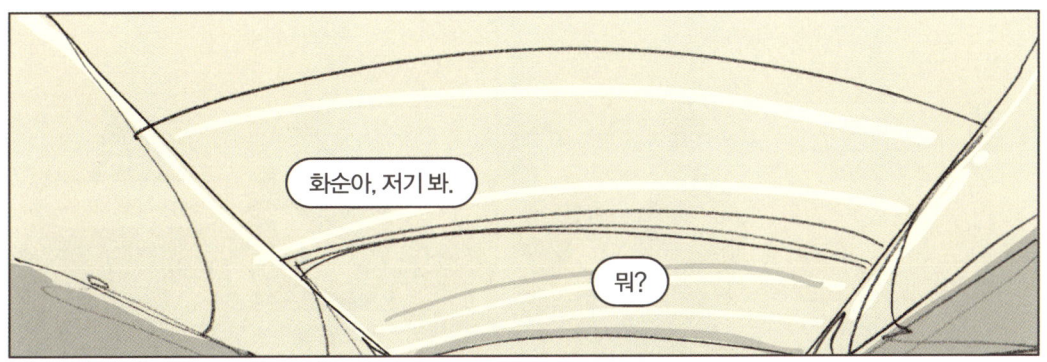

알잖아…?

우리 미래는….

계속하면 신고한다.

제5화

파로에 내리다

오랫동안 쇄국정책을 고수해온 부탄은
1974년 4대 국왕의 대관식이 열렸을 때 외국 기자들을
초청하면서부터 서서히 문호를 개방했다.
오늘날 항공편으로 부탄에 들어가는 유일한 관문인 파로 국제공항은
해발고도 2,230미터 높이의 산중 계곡에 위치해 있다.

그래서 부탄 여행의 낯선 경험은
비행기 날개가 산자락에 닿을 듯 느껴지는
아찔한 착륙에서부터 시작된다.

편견 없이, 선입견 없이….	그렇다면 GNH라는 것도 염두에 두지 말아야겠지?	어차피 공식적으로 알려진 부탄의 일면일 뿐이니까.
일단 부탄에 온 내 첫 느낌은… …….	부탄은 뭐랄까?	…….

시골이네….

…….

장화순 보고서 :
예의 바른 첫 만남

고풍스럽게 목조형태로 지은 파로 공항 청사에서 바깥으로 나오면 이제 막 부탄에 도착한 외국인들과 지정 가이드들이 서로 짝을 찾는 광경이 흡사 상봉의 현장 같습니다. 최근 들어 지구상에 남은 마지막 샹그릴라로 입소문이 난 까닭에 부탄 관광객들이 늘어나면서 비행기가 착륙하는 시간대의 청사 밖 주차장은 차와 사람들로 붐빕니다. 마중 나온 가이드들이 모두 정갈한 전통복 차림이고 저마다 손에는 환영 인사에 필요한 흰색 명주천을 들고 있어서 말로만 듣던 나라에 첫발을 들이는 인상이 꽤 비범합니다.

부탄에서 외국 관광객은 원칙적으로 지정된 가이드와 동행해야 하고 지정된 기사가 운전하는 차량으로 이동합니다. 가이드 비용은 미리 선불한 경비에 포함됩니다. 일정한 교육 과정을 거친 뒤에 일을 하는 이들이기 때문에 여러 나라에서 온 외지인들을 대하는 태도가 매우 세련되었으며 상황에 맞게 일정 계획과 동선을 짜는 데 능숙합니다. 기본적으로 영어는 다 잘하고, 다니다 보면 능숙한 일본어나 프랑스어로 외국인 무리를 인솔하는 가이드들도 보입니다.

그런 이들이 줄곧 동행하면서 세심하게 불편을 살피고 이야기를 나누니까 열흘 정도 함께 지내면 헤어질 때 서운해서 눈물겨울 법도 하지만 그 정도로 친해질 기회는 별로 없습니다. 숙소를 따로 사용하고 매 끼니 식사 때도 특별한 경우가 아니라면 따로 밥을 먹습니다.

태도는 늘 깍듯합니다. 어쩌면 시종일관 세련되고 깍듯한 매너가 서로의 위치와 역할을 규정하는 모종의 경계를 형성하는 걸까요? 여정을 끝내고 부탄을 떠나는 날에도 도착했을 때 느꼈던 예의 바름에 비해 더도 아니고 덜도 아닌 작별 인사를 나누게 됩니다.

홍설록 보고서 :
환전의 경험

부탄의 화폐는 눌트럼입니다. 한국에서는 바로 환전이 안 되기 때문에 달러로 바꿔 가서 현지 화폐로 또 바꿔야 합니다.

파로나 팀푸는 부탄에서 큰 도시니까 은행에서 환전을 해도 되지만 그냥 시장에 있는 상점에서도 환전을 할 수 있습니다. 오히려 상점에서 하는 것이 환율이 더 좋을 수도 있습니다. 어떤 상점에서 환전이 되는지는 가이드가 안내해줍니다. 한국으로 치면 시골의 조그만 도매상점 같은 곳에서 주인아주머니가 두툼한 지갑에서 눌트럼을 꺼내 달러 액수에 맞게 세어서 건네줍니다.

이쯤 되면 머릿속에서 여러 생각이 모락모락 피어오를지도 모릅니다. 혹시 바가지 쓰는 건 아닐까? 가이드는 암달러상을 소개하고 뭔가를 챙기는 게 아닐까? 크고 작은 기만과 술수를 직간접적으로 겪으며 '손해 보지 않고 살아남기' 같은 일상의 매뉴얼을 나름 한두 개씩 품고 사는 우리로서는 떠올릴 법한 생각입니다.

하지만 그런 염려는 하지 않아도 괜찮습니다. 올바른 생각과 태도를 도덕이라고 한다면 부탄 사람들은 적어도 상식의 수준에서 도덕적입니다. 그들은 일평생의 행적이 다음 생과 같은 또 다른 삶에 미치는 기록으로 쌓인다고 믿죠. 그렇다고 해서 낱낱의 언행에 관해 노심초사하면서 사는 것은 아닙니다. 그냥 순진하고 정직하게 사는 것이 모두에게 유익하고 자신에게도 득이 된다는 지혜로운 수칙을 일상의 문화로 삼은 것이죠.

그들의 내면을 다 들여다볼 수는 없지만 겉으로 겪은 바에 따르면 부탄 사람들은 남을 속이지 않습니다. 서로를 골치 아프게 만드는 기만이나 은밀한 위반은 불필요하고 그런 부도덕한 행위가 오히려 번거롭다고 여기는 것 같습니다.

도시에 인구가 늘어나고 사회가 복잡해지면 어떨지 모르겠지만 지금은 말이죠..

제6화

개판

행복하다고 소문난 부탄 사람들의 삶이 정말로 그러한지 채 알아보기도 전,
먼저 그곳에서 참말 행복해 보이는 것들을 보게 된다. 바로 개들이다.
개 팔자가 상팔자라고. 말은 백 번 들어봤지만 부탄에서는 눈으로 확인할 수 있다.
어디서나 제 편한 자리에 배 깔고 누워 자고 어슬렁거리는 개들을
사람들은 방치하는 수준을 넘어 배려를 한다.
붐비는 곳에서도 그늘에 늘어져 누워 있는 개를 사람들이 피해 다닐 정도다.

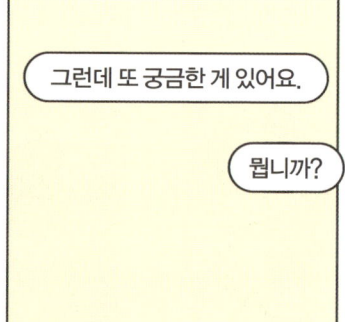

제7화
나눔

서로 먼저 갖겠다고 다투는 것보다 나누는 게 더 좋다는 걸 누가 모르나?
몰라서 안 하는 게 아니라 혼자만 하면 손해인 것 같으니 못하는 거다.
나 말고도 대부분이 그럴 때까지 기다려보자는 심산인 거다.
모두가 한마음으로 나누질 못하니 나눔은 그저 머리로만 아는 덕목일 뿐이다.
만약 나눔이 습관이고 생활문화라면 행복을 굳이 멀리서 찾을 이유가 없을 것이다.

제8화
바람과 물

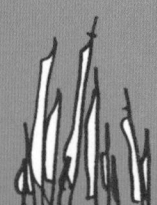

나무가 아낌없이 준다고 해도
부탄 사람들은 돈을 벌기 위해 필요 이상으로 나무를 베지 않는다.
지하자원을 캐려고 무리하게 땅을 파헤치지도 않는다.
그들이 보존하는 숲과 나무는 바람이 지나는 소리를 들려주고,
오염되지 않은 비를 내리게 하고, 가두지 않아 세차게 흐르는 물은,
부탄 사람들에게 또 하나의 선물을 주었다.

신수길 보고서 :
부탄과 인도의 긴밀한 관계

부탄 화폐 눌트럼과 인도 화폐 루피의 가치는 정확히 1대 1로 대응합니다. 다시 말해 부탄에서는 루피를 그냥 액면 그대로 사용할 수 있다는 얘기죠.

부탄은 인도와 매우 가까운 나라입니다. 물리적 거리야 국경을 맞대고 있으니 당연하고 정치 경제 외교 등 여러 면서 부탄과 인도는 특별한 관계입니다. 외국인이 부탄에 입국하려면 의무적으로 일일체제비를 내고 비자를 받아야 하지만 인도 사람들은 예외죠.

부탄은 한때 국방과 외교교섭권까지 인도에 의존한 적이 있습니다. 2000년대에 비로소 부탄은 온전히 독립적인 외교를 하게 되었지만 영공 방어는 인도 공군이 맡을 정도로 국방에 있어서는 특수한 동맹 관계입니다.

경제 교류는 더 말할 나위 없습니다. 공장이 거의 없는 부탄은 공산품 대부분을 인도에서 수입합니다. 도축을 하지 않는 풍속 때문에 육류도 인도에서 수입합니다. 도로를 건설하고 보수하는 일도 인도의 건설 회사들이 맡기 때문에 길에서 인도 노동자들을 흔히 보게 됩니다. 교사와 의사 같은 전문직에 종사하는 인도 사람들도 많죠.

오래전 영국이 인도와 티베트에까지 영향력을 행사했던 시절부터 부탄은 영국과 더불어 인도와 긴밀한 관계였습니다. 최근에는 티베트가 중국에 무력으로 합병되는 과정을 목도하면서 어쩌면 부탄은 지금과 같은 외교 전략을 더 공고히 하려고 선택하지 않았을까 짐작해봅니다.

한편, 영국과 부탄은 과거 역사에서 인연이 깊습니다. 동인도회사를 운영하던 시절, 영국과 부탄은 차 재배지인 아쌈 지역을 두고 부딪힌 적이 있습니다. 티베트로 진출하는 교두보를 원했던 영국에 부탄이 협조한 적도 있습니다.

부탄 왕조의 첫 번째 왕인 우겐 왕추크는 영국으로부터 '경'의 작위를 받은 인물이고 1907년 대관식도 영국의 지원 아래 거행되었습니다. 당시에 양국이 체결한 협약은 내정 간섭 없는 자치권 인정을 골자로 한 국방과 외교권의 위탁, 자유무역으로 요약됩니다. 그 내용을 후일 인도가 영국으로부터 독립하면서 승계한 것이 오늘날까지 일부 유지되는 걸로 보입니다.

홍설록 보고서 :
사람 신호등

부탄의 수도 팀푸 시내에서 가장 번화한 교차로 중앙에는 정자 모양 비슷하게 지어놓은 목조 구조물이 있습니다. 그 안에는 정복을 입은 한 사람이 서 있는데, 지나다니는 차들에게 연신 손으로 신호를 보냅니다.

부탄에서는 시내 도로 어디에도 전기로 작동하는 신호등이 없습니다. 그런 사정을 처음 알게 되면 가난한 나라라서 그런가 보다 착각하기 쉽지만 부탄은 전력이 풍부한 나라입니다. 신호등을 설치하지 못할 정도로 끔찍하게 가난하지는 않죠.

한때 부탄에도 전기 신호등을 세워봤다고 합니다. 그런데 사람들이 싫어해서 철거한 뒤로 다시 세우지 않았다고 합니다. 이유는 기계의 지시를 받는 걸 꺼려해서랍니다.

마냥 기계에만 의존하지 않는 인간의 존엄과 자율에 관한 문제의식이라고 생각할 수도 있겠습니다. 하지만 부탄에 머물면서 그 사람들의 삶을 들여다보면 사람 신호등이 의미하는 것이 그런 게 아니라는 생각이 듭니다.

현대사회의 도회지에 사는 사람들의 운신은 복잡한 인간관계의 서열과 이해관계에 따라 정해지는 경향이 있습니다. 사람에 따라 차이는 있겠지만 눈치 보지 않고 곧이곧대로 타인을 다 믿고 살기에는 위험부담이 따릅니다. 차라리 제도와 제삼자가 개입하고 보증하는 상호 규약, 그리고 미디어 정보와 디지털 신호가 사람 말보다 더 믿을 만하다고 여기는 게 오늘날 우리 현실의 비극이라면 비극입니다.

부탄 사람들은 스스로 거기까지 안 갔다고 믿는 게 아닐까요? 사람 신호등의 의미는 자존심의 상징이 아니라 서로를 아직 믿으며 살 만하다는 자부심의 표현이 아닐까요?

제9화

영어를 잘해?

부탄에서 붐비는 길을 지나다가 낯선 이와 부딪치면 어김없이,
"Excuse me" 혹은 "I'm sorry"라는 양해의 말을 듣는다.
심지어 재채기를 하면 옆 사람에게
"Bless you"라는 위로를 받는 경우도 더러 있다.

무심한 표정을 하고 앉아 있는 학생에게 다가가 영어로 말을 건넸을 때
쭈뼛거리거나 외면하는 걸 본 적이 없다. 예외 없이 웃는 얼굴로
뭐든 물어보면 도와주겠다며 응수한다.

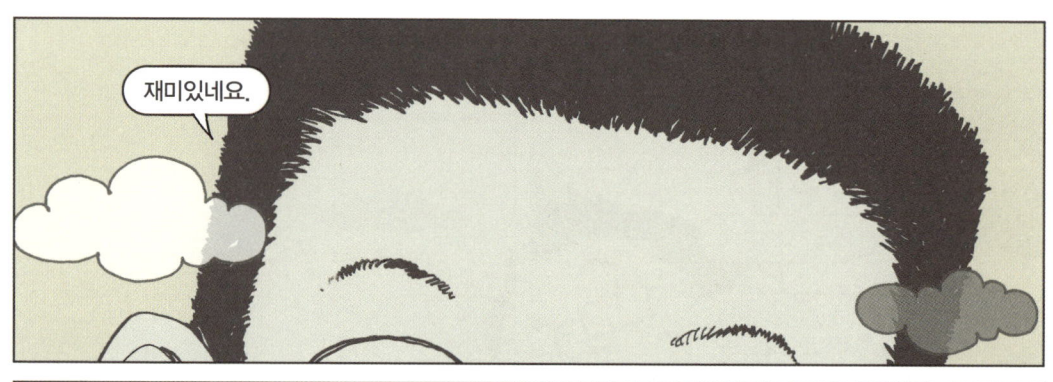

제10화

땅을 줘요?

부탄은 기로에 서 있는 듯하다.
오늘날 부탄의 도회지에서는 전통 옷보다 청바지를 입은 청년을
더 많이 볼 수 있다. 교육을 많이 받은 사람일수록 힘든 농사일보다
공무원 같은 사무직을 선호한다.
외부 세계와 물리적으로 차단된 히말라야 산중에서 자급자족을 통해
그럭저럭 행복을 영위할 수 있도록 차단막이 되어주었던 둑이
무너지기 시작했다는 걸 부인할 수 있을까?

부탄의 다음 세대가 선택하는 변화는
기성세대와 정치인들의 예상보다 더 빨라질 수도 있다.

#

신수길 보고서 :
부탄의 인기 직업, 공무원?

해질 무렵 시내의 버스 정류장 앞에서는 전통복식 교복을 입고 가방을 맨 학생들을 많이 볼 수 있습니다. 여느 나라의 청소년들이 다 그렇듯이 얼핏 보기에는 반항기 서린 표정을 하고 있어서 선뜻 다가서기 어렵지만 막상 말을 건네면 아주 깍듯합니다. 이런저런 질문에도 성의 있고 예의바르게 답을 합니다. 이야기가 길어져 기다리던 버스 도착 시각이 다가오면 정중하게 대화를 끝내야겠다며 미안하다고 합니다.

대입을 앞둔 졸업반으로 보이는 학생들에게 향후 진로를 물으면 여학생들의 답변은 비교적 다양한 편인데 남학생들의 대답에서 일관되게 많이 듣는 영어 약자가 있었습니다. 'RIM'입니다.

풀어 쓰면 Royal Institute of Management. 부탄의 공무원 양성 기관입니다. 일반 공무원을 배출하는 1년에서 2년 과정의 전문학교라고 합니다.

얘기 나눴던 학생들은 주로 대학 진학 후 졸업, 그 다음에 1차로 RIM 입학시험을 보고, 되면 공무원 안 되면 차선책을 택한다는 진로 계획을 세우고 있었습니다. 요즘 부탄 청소년들에게 공무원은 다른 모든 진로와 취업에 우선해서 가장 선호하는 직종입니다. 가이드도 실태가 그렇다고 확증해주었습니다.

왜 하필 공무원일까요? 일단 부탄의 젊은 세대들은 힘든 육체노동을 꺼립니다. 비단 청년세대만일까요? 남녀노소 힘든 일 좋아하는 사람이 몇이나 될까요? 그 다음 이유는 역시 안정성 때문입니다. 부탄에는 직업 선택의 폭이 넓지 않아서 탄탄해 보이는 몇 개의 기업을 빼면 공무원을 가장 든든한 직업으로 여기는 것 같습니다. GNH 같은 신선한 정책으로 젊어보이던 부탄 사회가 이 대목에서는 어딘지 낡은 것 같아 씁쓸해집니다.

장화순 보고서 :
부탄의 가족제도

　대부분의 아시아 지역 나라들에 가부장적 전통이 있고 일부다처제나 시집살이, 출가외인, 장자 상속 같은 구습이 있는 것과 달리 부탄은 반대 양상입니다.

　일부다처제와 함께 일처다부제의 구습이 공존했는데 지금은 그런 것이 거의 사라지고 일부일처제가 일반적입니다. 그런데 법적으로는 여전히 한 사람이 세 명까지 처나 남편을 둘 수 있다고 합니다. 과거에 남성은 결혼하게 되면 여자 집에서 노동력을 필요로 할 때 처가에서 살아야 했다고 합니다. 지금도 남성이 결혼 후 일정 기간 처가에 머무는 경우가 흔하다고 합니다. 재산은 딸이 다 물려받거나, 공동 상속일 경우에도 통상 아들보다 딸이 더 많이 물려받는다고 합니다. 가정에서나 일터에서나 여성이 남성에 비해 위축되는 경우도 없다고 하고요.

　부탄은 의외로 이혼율이 높은 나라입니다. 이혼 절차도 간단하고 이혼한 사람들을 보는 사회적 편견이 없어서 당사자들도 이혼이나 재혼 문제에 그리 심각하지 않아 서로가 필요하다고 여기면 이혼하고 또 필요하면 재혼합니다. 아이들도 대가족과 친지들이 맡아서 돌보는 걸 자연스럽게 받아들이는 분위기입니다.

제11화

세계의 지붕

경이로운 자연의 한 장면을 마주할 때 우리는
분명 가까이 보고 있지만 한없이 멀리 있는 듯 순수한 전율을 느낀다.

팀푸에서 푸나카로 넘어가는 언덕 '도출라'에서 만난 히말라야산맥은
외지에서 찾아와 넋 놓고 바라보는 관람자들을 향해
너희의 시선은 결코 온전히 다가서지 못하리라는
무언의 경고를 던지고 있었다.

히말라야산맥!

눈높이의 하늘마저 가린
어마어마한 자연의 경계.

저게 바로…

말로만 듣고…

사진으로만 봤던…

세계의 지붕.

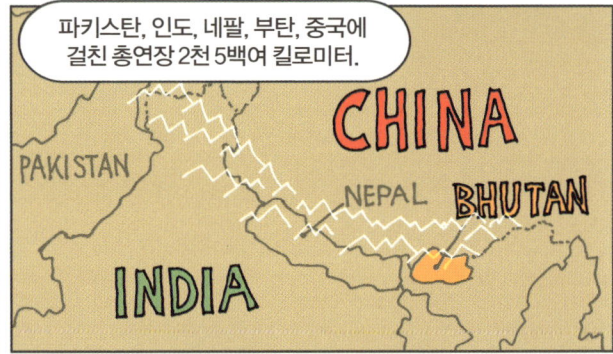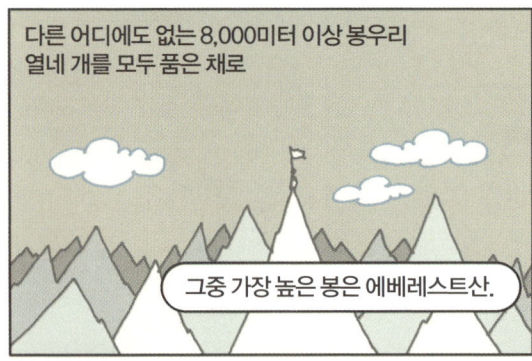

제12화

아버지

부탄에서는 어디서나 왕의 사진을 볼 수 있다.
관공서나 학교, 병원에만 있는 게 아니다.
동네 담벼락에도 있고 집 안에도 걸려 있다.
전국이 왕의 모습으로 도배가 되어 있다고 해도 과언이 아닐 정도다.
통치권자의 사진을 전시해야 하는 독재국가도 아니다.
오히려 왕은 스스로 권좌에서 물러난 사람이다.
그런데도 왜 국민들은 자발적으로 그렇게 많은 사진을 걸고
늘 왕의 모습을 곁에 두려 할까?

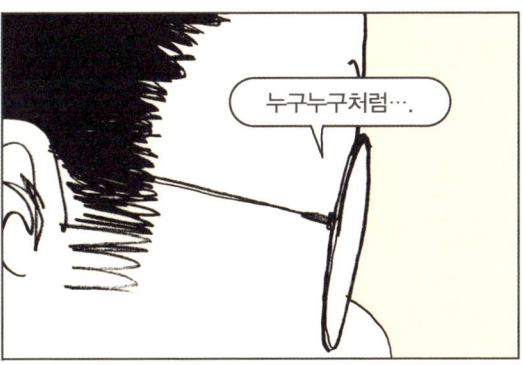

제13화

행복 논쟁

부탄 헌법에는 이렇게 적혀 있다.

"국가는 GNH를 성공적으로 추구할 수 있는 조건을 형성하기 위해 노력해야 한다."

– 제9조, 「국가 정책의 원리」

강가영 보고서 :
부탄 역사, 세 사람

    부탄의 오래된 역사는 티베트 역사에 포함됩니다. 부탄이라는 나라명도 티베트의 끝자락이라는 의미인 걸 보면 부탄 사람들은 곧 티베트에서 온 사람들. 네팔계 등 소수민족을 제외하면 인구 구성의 대부분은 티베트로부터 이주한 선조를 둔 사람들이라고 봐도 무방합니다.

    히말라야의 청정 국가라는 입소문에 끌려 부탄에 한번 방문해볼 요량이라면 부탄 역사를 어느 정도 알아두는 것도 좋겠죠. 여기저기를 다니면서 가이드가 줄줄이 늘어놓는 설명을 들을 때 큰 줄기를 이해하고 있어야 지루하지도 않고, 그곳 사람들이 그 땅에서 살아온 이력을 파악할 수도 있습니다. 걸을 때 산과 물과 나무를 보는 느낌도 더 나을 것이기 때문입니다.

    8세기경부터 오늘날에 이르기까지 부탄의 고유 역사에 등장하는 것들 중 대표적인 세 가지 이름만 알아도 큰 맥락은 잡힙니다. 바로 파드마 삼바바, 샵둥, 그리고 현재의 부탄 왕조인 왕추크 가문입니다.

    파드마 삼바바는 부탄 지역에 불교를 전하고 온갖 비술로 악귀들을 제압했다는 전설적인 인물로, 아는 사람들은 아는 『티베트 사자의 서』라는 책의 저자입니다.

    샵둥은 17세기에 등장해 부탄을 실질적으로 통일하고 지금까지 이어지는 부탄의 전통문화를 확립한 영웅입니다. 샵둥 사후 부탄에서는 다시 샵둥의 후계를 자처하는 자들이 권세를 다투는 혼란이 이어졌습니다.

    19세기 말 우겐 왕추크는 난립하던 세력들을 물리친 뒤 1907년 하나의 왕국을 세웠고 비범한 외교술로 대영제국과 교섭해 왕조를 인정받은 동시에 독립국가로서의 자립 기틀을 마련했습니다. 그의 가계가 지금까지 이어지는 왕추크 왕조입니다. 왕조의 역사는 짧지만 폭군은 한 명도 없었고 국민의 신망을 얻은 왕들의 치세를 거쳐 입헌군주국이 되었습니다.

장화순 보고서 :
모바일과 자동차

    부탄에는 의외로 자동차가 많습니다. 도로를 꽉 채우고 매연을 뿜으며 주차난에 허덕일 정도로 많다는 건 아닙니다. 그리고 인구 대비 등록 자동차 수를 따지면 아마도 세계 평균에는 한참 못 미칠 것입니다. 하지만 애초에 무척이나 가난한 나라라고 알고 간 것에 비하면 승용차를 생각보다 많이 타고 다니는 느낌입니다.

    동부의 더 낙후된 곳은 사정이 어떨지는 모르나 서부와 중부 지역에는 도시뿐 아니라 농촌에도 대부분의 집에 소형 SUV 차량이 서 있었습니다. 산간 절벽에 허름하게 지어진 집 앞에도 소 한 마리 옆에 승용차 한 대가 주차되어 있는 광경을 흔히 볼 수 있습니다. 한국 자동차 브랜드도 꽤 많습니다. 가이드에게 물어보니 부탄은 자동차 생산국은 아니지만 인도에 법인을 둔 브랜드 자동차를 수입하기 때문에 구하기 어렵지는 않다고 합니다.

    휴대전화는 부탄에 개와 소가 넘쳐나는 것처럼 저마다 손에 들고 있습니다. 젊은이도 시장 상인들도 손에 든 스마트폰으로 뭔가 들여다보기 바쁩니다. 메시지를 주고받고 각종 앱을 다루는 데도 능수능란합니다. 스마트폰으로 한국 드라마도 보고 영국 프리미어 축구도 보고 게임도 합니다. 불경을 다운받아 공유해서 듣기도 합니다.

    부탄은 유선전화 보급률이 아주 낮았지만 이동통신 시대가 열리면서 급속도로 휴대전화가 보급되었다고 합니다. 산을 넘어 전화선을 연결하기 위해 치러야 할 난관과 비용 탓에 유선전화는 놓기 어려웠지만 전파로 송수신하는 이동통신은 부탄 사회에 말 그대로 커뮤니케이션 혁명을 가져다준 것입니다.

    부탄 사람들을 향해 '산속에 갇혀 우물 안 개구리처럼 세상 물정 모르고 어떻게 사나' 하는 염려는 기우입니다. 볼 거 다 보고 살고, 알 거 다 아는 사람들이죠.

제14화

축제

축제가 즐거운 것은
화려한 볼거리가 많기 때문일까?
푸짐하고 맛깔난 음식들 때문일까?
다채로운 이벤트로 일상의 지루함을 깨고
자유를 만끽하기 때문일까?

축제가 즐거운 진짜 이유는
같이 모여 어울릴 수 있기 때문이다.
외톨이는 떠들썩한 향연의 가운데 있어도
결코 즐겁지 않다.

제15화

끝내 지키려는 것들

스웨덴 출신의 언어학자이자 사회운동가인 헬레나 노르베리 호지는
1970년대에 히말라야 기슭의 작은 마을 라다크 주민들과 함께 지내면서
물질적으로 빈약한 조건 속에서도 자신들의 문화를 지키며 사는 모습을 보았고,
곧이어 불어닥친 서구 자본주의의 거센 풍랑 앞에서 소박하고 아름답던
그곳 사람들의 터전이 속절없이 파괴되어 가는 과정을 생생하게 기록했다.

인간관계마저 붕괴시킬 정도로 참담한 문명의 역행을 목격한 저자가
세계를 향해 경종을 울리며, 행복한 미래를 위한 지침은
오히려 과거의 고유문화에서 찾아야 한다고 역설한 책의
의미심장한 제목은 『오래된 미래』(중앙북스, 2015)다.

강가영 보고서 :
활쏘기

    팀푸에서 하루는 가이드가 매우 스펙터클한 부탄의 전통 스포츠 한 가지를 관람하라면서 일행을 종합경기장 같은 데로 안내했습니다. 커다란 운동장 옆 공터에 사람들이 모여 활을 쏘고 있고 여행객으로 보이는 외국인들이 사진 촬영을 하고 있습니다.

    부탄의 국민 스포츠는 활쏘기입니다. 대나무로 만든 활을 쏘는 시합도 있고 합성재료로 개량된 현대식 활을 사용하는 시합도 있습니다. 한 무리의 남자들이 두 팀을 이루어 겨루는데 쏘는 지점에서 과녁까지 거리가 딱 봐도 100미터가 넘습니다. 화살을 활에 끼운 다음 들어 올려 겨누고 쏘는 데 별로 시간을 지체하지 않습니다. 올림픽 양궁 경기에서처럼 선수들이 활시위를 당기고 뚫어져라 과녁을 응시하다가 화살을 손에서 놓는 정적인 긴장감이 없어서 왜 좀 더 신중하게 쏘지 않을까 하는 의구심이 듭니다.

    가이드 말에 따르면 활의 장력이 워낙 세기 때문에 당긴 채로 오래 붙들고 있기 힘들다고 합니다. 순식간에 날아가는 화살이 '쉭' 하고 바람을 가르는 선명한 소리를 들으면 정말 그런 것 같기도 합니다.

    화살은 대부분 빗나가거나 땅을 스치는데 가끔 과녁에 극적으로 박히면 잠시 경기를 중단하고 팀 동료들이 춤을 추면서 노래를 불러주는 작은 의식을 치릅니다. 그리고 명중한 선수는 허리춤에 색깔 있는 천 조각을 매답니다. 유달리 천을 많이 두른 남자가 있는데 그가 오늘 경기의 명궁이었죠.

    활쏘기가 정해진 거리와 공간이 필요한 정식 스포츠라면, 다트 게임처럼 송곳만 한 촉을 손에 들고 던지는 경기인 쿠루는 간이 스포츠입니다. 동네에서 아이들이 모여 열심히 던지며 노는 모습을 자주 봅니다. 야구에서 투수가 공을 던질 때처럼 힘껏 내리꽂는 아이들의 표정이 꽤 비장한데 돈을 걸고 하는 모양입니다.

    활 잘 쏘는 명궁은 천을 획득하고 쿠루에서 이기는 아이는 돈을 법니다.

강가영 보고서 :
좁은 동네

    간혹 내 사정이나 근황이 나도 모르게 퍼져 있는 사실을 알게 되거나 일면식이 없는 사람이 한 다리 건너 아는 사람임을 알게 되었을 때, 우리는 세상 참 좁다고 말하죠.

    부탄이야말로 좁은 동네입니다. 부탄에서 가이드와 함께 다니다 보면 다니는 동안 여러 곳에서 지인이나 친구를 만나 잠깐씩 담소를 나누는 일이 흔합니다. 사는 곳에서 꽤 멀리 떨어진 도시나 마을 장터에서도 누군가를 만나 인사를 나누거나 마치 어제도 보았던 사람처럼 일상적으로 인사를 건네고 몇 마디 나누는 식이죠.

    한번은 일과를 끝내고 가이드와 헤어진 뒤 산책을 나와, 도심에서 열심히 뮤직비디오 같은 영상물을 촬영하는 무리를 보고 신기해서 얘기를 나눴습니다. 그들 가운데 한 명이 자기가 부탄TV에도 나오는 가수 겸 영화감독이라는 말을 듣고 함께 기념사진을 찍었습니다. 다음 날 기사에게 보여주며 이 자가 정녕 연예인이냐고 물었더니 돌아오는 대답이 가히 '놀랄 노'자입니다. "연예인 맞다. 나랑 친구다." 급기야 그간 품었던 궁금증을 내보이며 너는 과연 대단한 마당발이냐고 물으니, 본인만 그런 것이 아니라 부탄이 원래 좁은 동네라고 말합니다.

    이래저래 서로 아는 사이도 많아서 어지간한 소식이 금방 전해지고 특히 지역 단위에서는 누군가의 동향이 금방 알려진다고 합니다.

    부탄은 부정부패 지수가 매우 낮은 나라입니다. 국민 행복을 내세우는 정부와 고위 공무원들이 솔선수범해서 노력하기 때문일 거라고 생각했는데 알고 보니 일상적인 개인과 이웃 간의 문화였습니다. 내가 악의를 품고 뭔 일을 저지르면 금방 소문이 나고 피해에 상응하는 불이익이 스스로에게 돌아올 거라는 걸 잘 아니 그런 분위기에서 맘 편히 살려면 나부터 악행은 접어두고 서로 사이좋게 사는 것이 가장 현명한 것일지도 모릅니다.

제16화

민속

낯선 곳에서 만나는 문화가 다소 충격적일지라도 편견을 가질 필요는 없다.
우리에게 익숙하고 예상 가능한 문화들은 대부분
교양이라는 감성으로 정제된 일부에 지나지 않는다.

그 아래에는 빙산의 뿌리처럼 기층문화, 하위문화, 민속 등으로 불리며
해학을 담은 노래로 구전되고 노골적인 형상으로 전해진 서민의 문화들이
꼬리에 꼬리를 물며 거대하게 자리하고 있기 때문이다.

제17화
오, 감자!

풍요와는 거리가 먼 것 같은 촌락의 삶에도 반전이 있다.
무리하게 땅과 가축들을 혹사하지 않고
서로 주고받는 유기적인 삶이 얼마나 유익한지
실제로 살아보지 않으면 모를 일이다.

평화롭고 목가적인 농가의 삶에도 반전이 있다.
신성한 노동으로 땅을 일구며 안빈낙도에 취해 세월을 보냈을지라도
땀 흘리는 신성한 일상까지 다음 세대에게도 물려줄지는
당사자가 아니고서는 모를 일이다.

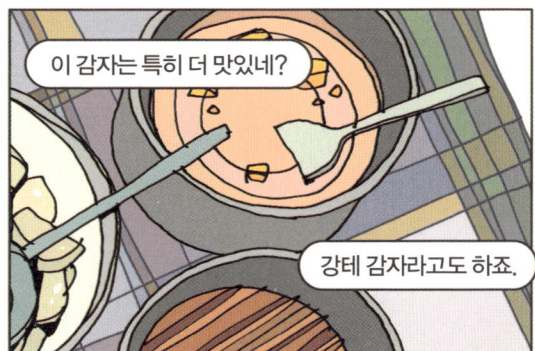

신수길 보고서 :
산속의 부자

푸나카의 강변에서 헬리콥터 한 대가 굉음을 내며 이륙하는 걸 보았습니다. 바로 앞에 보이는 산 위로 날아가더니 한참 있다가 다시 나타나 착륙합니다. 산 정상에 무슨 일이 있나? 보기 드문 광경이라 사사로운 일은 아니겠지 했는데, 궁금해하는 표정을 읽고 가이드가 사정을 설명해줍니다.

알고 보니 부탄항공 소속의 헬리콥터는 누군가가 전세기로 이용한 것이었습니다. 가이드 말로는 산속에 살면서 동네에 일이 있을 때마다 헬리콥터를 불러 내려올 정도로 굉장한 부자라고 하는데 부탄에 헬기를 전세 낼 정도의 부자가 있다는 사실이 무척 궁금했습니다.

그들은 희귀한 곤충을 채집하고 기르는데 그게 신기하게도 식물로 변해서 만병통치약의 원료로 쓰인다고 합니다. 워낙 귀한 거라 값이 아주 비싸기 때문에 이 지역에서 유일하게 그걸 기르고 재배하는 사람들이 부자라는 말이었죠. 무슨 소릴 하는 건지 이해를 못하고 있던 찰나 문득 머릿속에 네 글자가 떠올라서 휴대전화로 검색해 아시아권 공통 표의문자인 한문을 보여줬습니다.

"동충하초"

그렇습니다. 동충하초 중에서도 히말라야 천연 동충하초를 재배하는 사람들이었습니다. 이들은 부탄 농림부 산하의 관리를 철저히 받는 '동충하초 영농조합'으로, 이 조합원들에 한해서만 야생 동충하초를 채집할 수 있다고 합니다. 약 40명의 조합원이 중국, 일본 등으로 수출하는 동충하초 전량을 재배하며 그 양이 적어서 최고 등급은 1킬로그램에 4천만 원에 달할 정도라고 합니다.

가이드에게 부럽지 않느냐고 물으니, 추운 겨울에도 산에서 내려오지 못하고 일 년 내내 고생할 텐데 그만한 대가를 얻고 누리는 게 당연하다고 말합니다. 다른 사람들은 왜 그 사업에 안 뛰어들고 조합원만 하는 거냐고 물으니, 고생스러운 일을 누군가 맡아서 하고 있으니 우리는 다른 일을 해야지라고 무심하게 답합니다.

홍설록 보고서 :
유기농의 속사정

부탄의 농가에서는 농약과 화학비료를 거의 쓰지 않습니다. 시장에서 파는 과일과 채소는 눈으로 보기에 모양도 투박하고 크기도 고르지 않은데 요리에 들어 있는 채소를 먹으면 신선하고 맛있습니다. 부탄 정부는 2020년까지 완전한 유기농업을 실현하겠다는 목표를 발표했습니다.

유기농이라고 하면 덴마크 같은 낙농선진국이 떠오르지만 부탄의 유기농은 그런 나라들과 사정이 다릅니다. 오래전부터 유기농 재배를 위한 인프라를 마련해온 나라들이 웰빙을 추구하면서 고부가가치 친환경 농업에 막대한 비용을 투자해 물적 토대를 갖췄다면 부탄의 유기농은 궁여지책에 가깝습니다.

부탄은 국토의 대부분이 평야가 별로 없는 산간지형이고 인력도 부족해서 농업 생산성이 매우 낮은 처지입니다. 그렇다면 단위 면적당 작물 생산량을 늘려야 할 텐데 그러자면 품종 개량이나 농지의 토질 개선을 위한 재원이 있어야 하고, 농약을 뿌리려면 기계도 필요할 텐데 부탄의 농가들은 그럴 여력이 없죠.

그럼에도 부탄 정부는 자연을 훼손하지 않는 것이 미래 세대 모두의 삶에 이롭다는 판단에 목재 수출을 위한 벌목보다 삼림 보존을 택한 것처럼 우직하게 유기농을 밀고 나갑니다. 마치 부국강병과 산업근대화를 위해 국민들의 행복한 삶을 다치게 하지 않겠다는 의지처럼 인위적인 생산량 증대와 농약 사용으로 땅과 식물을 괴롭히지 않겠다는 속마음일까요?

다행히 부탄은 히말라야산맥이라는 천혜의 환경 덕에 평야보다 산간이 많음에도 수량이 풍부해 가뭄이 거의 없어 지금까지 국민들이 기근을 겪은 적이 없다고 합니다.

감자 같은 작물은 재래 농법으로 재배하면서도 품질이 좋아서 인도에까지 좋은 값에 수출을 합니다. 수출하고도 자급자족할 만큼 양이 되는지 부탄 어딜 가나 밥상에서 감자를 넉넉히 먹을 수 있습니다. 그리고 부탄 사람들은 음식에 욕심을 부리지 않아 특별히 가려 먹지도 많이 먹지도 않습니다.

제18화
내어주고 얻는 것

인간은 자연을 아낌없이 주는 나무처럼 대한다.
자르고 베어서 더는 얻어낼 것이 없어질 때까지.
그루터기만 남아서 함께 휴식을 취하자고 해도 인간은 멈추지 않는다.
나무를 길러낸 땅마저 파헤치고, 그곳에서 누구도 쉴 수 없게끔.

그런데 부탄의 어느 계곡에는
새들이 쉬어가도록 자기네 땅을 아낌없이 내어주는 사람들이 있다.
무엇을 되받으려고 내어주진 않았겠지만
새들을 보살피고 땅에게 휴식을 준 그 사람들에게
자연은 꼭 보답할 것 같다.

검은목두루미.

검은꼬리두루미라고도 불립니다.

영문 이름은 Black-necked crane.

학명은 Grus nigricollis.

한국에서 천연기념물로 지정된 검은목두루미(Grus grus)와는 다른 종.

고지대에서 번식하는 걸로 알려져 있습니다.

멸종 위기라서 조류 학계의 큰 관심을 받는 새입니다.

몸길이 125~136센티미터.

매년 10월 말경에 포브지카 계곡을 찾는 두루미들은

여기야, 여기.

마을 주민들이 내어준 땅에서 편히 지내다가

어때? 물 좋지?

2월 중순이 되면 여름 서식지로 날아가죠.

내년엔 애들 더 데리고 오자.

제19화

믿는 구석

어디에서나 모여 있는 청소년들에게 말 붙이는 건 떨리는 일이다.
질풍노도를 가방이나 주머니에 늘 담고 다니는 이들이라
어떻게 말을 걸어도 고깝게 여기지는 않을까 염려가 된다.

부탄은 낯선 곳이라 길거리에서 둘만 모여 있는 청소년들을 만나도
애들 표정이 사뭇 험상궂게 느껴진다.
그들 역시 낯선 사람을 보고 방긋 웃을 일이 없으니까.

그런데 망설이다가 막상 말을 건네면,
청소년들이 먼저 자세를 고쳐 잡는다.
앉아 있다가도 벌떡 일어선다.
타인과 어른을 공손하게 대하는 습관 때문이다.

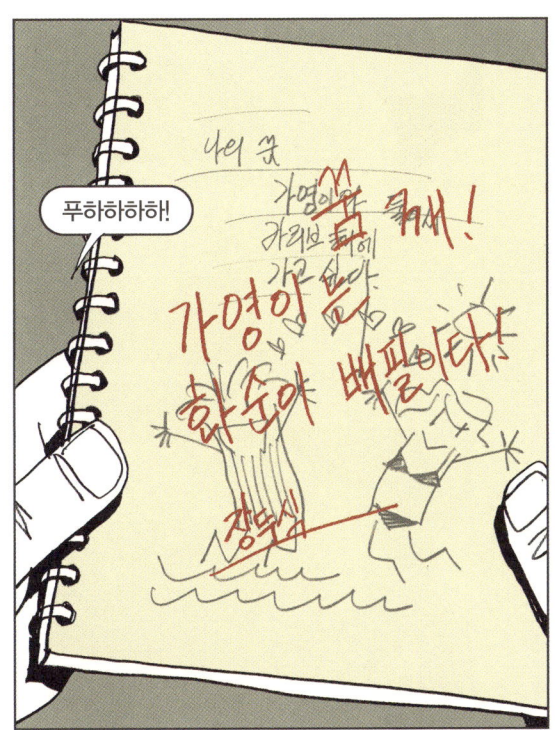

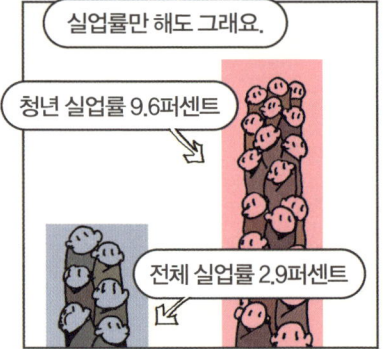

제20화

초월

부탄 사람들은 인간 존재의 본질이나
부조리한 삶에 대한 절망, 죽음 앞에 놓인 생의 철학 등
인류가 그토록 오랜 기간 고민해온 문제로부터 홀가분하다.

그들은 죽어서 다시 태어나고 또 다시 태어나고
언젠가는 해탈에 이른다고 믿는다.

그들은 그저 다음 생에서 좀 더 나은 존재로 태어나기 위해
현세에서 마음씨를 다듬을 뿐이다.

제21화

잘 배우고 건강하게

"나는 국가를 위해 봉사하면서 몇 개의 우선순위를 갖고 있다.
그중 첫 번째가 교육이다. 교육은 역량 강화를 통해 사회적 형평을 실현함과 동시에
자아실현을 촉진해 개개인의 잠재력을 충분히 발휘할 수 있도록 한다.
좋은 교육은 자신감, 판단력, 선한 품성, 행복을
효과적으로 달성할 수 있는 수단을 제공한다.
좋은 학교는 아이들에게 공평한 성공의 기회를 보장하여
개인의 성취가 인종이나 부모의 신분, 성, 사회적 연고 등에 의해
결정되지 않도록 한다."

– 부탄 5대 국왕 지그메 케사르 남갈 왕추크의 2014년 연설 중

　부탄에서는 아프면 병원에 가서 진료를 받고 치료하기보다 점을 보거나 사원에 가서 불공을 드린다는 글을 어느 일본 사람이 쓴 책에서 읽은 적이 있습니다. 의사들 말로도 현대인들이 가진 만병의 근원이 스트레스라고 하니까 마음의 병이 몸의 병으로 이어지는 게 타당할 수 있지만 몸이 아프면 일단 그걸 치료해야 불안한 마음도 치유되는 거 아닐까요?

　가이드에게 정녕 부탄 사람들이 그러한지 물었더니 자기는 몸 아프면 병원 간다며 제 말에 동의했습니다. 덧붙여 자기가 아는 부탄 사람들은 진료도 치료도 공짜니까 아프면 의사를 찾는다고 했습니다.

　사람에 따라 다른가 봅니다. 아마도 그 일본 저자는 앓는 몸을 이끌고 점집과 사원에 가서 마음에 위안을 얻는 부탄 사람들을 만났을 테고, 저는 점괘에 앞서 방사선 진단과 소염제를 더 신뢰하는 부탄 사람들을 만난 것 같습니다.

　어쨌든 부탄의 의료는 무상입니다. 그게 중요한 거죠. 그럼에도 부탄의 보건 환경이 윤택하지만은 않습니다. 그것도 중요한 사실입니다. 과거 영아 사망률이 세계 최고 수준일 정도로 열악했던 부탄의 보건 시스템을 개혁해서 현대적인 의료 환경을 조성한 것은 4대 왕인 지그메 싱게 왕추크의 공헌입니다. 덕분에 평균 수명이 43세에서 66세로 연장되었고, 영아 사망률은 4퍼센트 정도로 감소했습니다.

　현재 부탄 정부는 국민들이 더 나은 보건 혜택을 누릴 수 있도록 병원 시설을 확충하고 의과대학을 신설하고 의사 수를 늘리려고 애쓰지만 녹록치는 않다고 합니다. 국립병원과 작은 병원 외에도 곳곳에 보건소를 배치해 환자들이 국토 어디서나 두 시간 내에 도달할 수 있도록 하고, 의사들이 순회 진료를 하도록 했지만, 보건소에 상주 의사가 없는 경우가 허다합니다. 국립병원마저 고가의 의료장비를 갖추지 못한 실정입니다. 무상의료 의지는 선하고 강하지만 가난한 현실은 애달픕니다.

　하루는 부탄을 취재하다가 다치고 말았습니다. 먼 산을 바라보며 걷다가 길가에 깊이 파인 수로를 헛디뎌 무릎 위 허벅지를 세게 부딪혔습니다. 보통의 경우 타박상 연고를

홍설록 보고서 :
부탄의 보건

 바르고 찜질하고 기다리면 낫지만 통증이 예사롭지 않았고요. 어지간해선 부러지거나 금이 가지 않는 대퇴부임에도 골절이 의심될 만큼 오래 욱신거렸습니다.
 만 하루를 보내고도 통증이 가라앉지 않아 가이드에게 병원을 섭외해달라고 요청했습니다. 같이 간 일행은 엄살을 부린다는 듯한 표정이 역력했습니다. 이 통증은 분명 비범한 것이라고 항변하듯 슬프게 절뚝거려도 소용없었죠. 그들의 얼굴에서 엑스레이를 찍으면 실금 하나 없는 깨끗한 다리뼈를 보게 될 거라고 예상하는 옅은 미소를 읽었습니다. 걱정하지 말라는 위로이기도 했죠.
 팀푸의 국립병원은 공휴일이라 당직 의사가 한 명밖에 없었던 것 같습니다. 응급실은 아니었고 내·외과를 비롯해 전반적인 진료를 담당하고 있었습니다. 환자가 많아서 기다리는 줄이 길었죠. 점집이나 사원에 안 간 사람들인 모양입니다. 꽤 오래 걸려 진료실에 들어가 인도계로 보이는 의사를 대면하고 정황을 얘기했습니다. 상처 부위를 좀 눌러본 그 의사도 일행들이 지었던 것과 비슷한 미소를 지었습니다. 그래도 완전한 위로는 꼭 엑스레이로 얻어야 한다는 마음을 떨리지만 온몸으로 표현한 것이 의사를 감동시켰는지 방사선실 사용을 허했습니다.
 촬영 장비는 구식이었습니다. 만일 골절로 판정이 나면 아주 예전에 보던 구닥다리 부목을 거추장스럽게 다리에 대고 병원 문을 나서야 하나, 목발을 짚고 다녀야 하나 근심을 가득 안고 찍은 사진 결과를 들고 판독 소견을 들으러 의사 방에 갔습니다. 먼저 엑스레이를 엿본 일행들의 미소는 더 뚜렷해져 있었습니다.
 의사는 원래 이 부위에 그 정도 충격이면 엑스레이는 필요 없으니 타박상 약을 바르고 경과를 지켜보라고 그냥 보내는데 외국인이 부탄에 와서 벌벌 떨고 있는 걸 보고 그리했답니다. 진단과 검사, 소견 그리고 외국인 환자의 마음을 읽고 배려한 그 모든 것의 대가는 무료였습니다.

제22화

화평

부탄 사람들은 지금 여기가 좋다고 말한다.
부탄 사람들은 지금 이대로가 좋다고 말한다.
그렇다고 삶의 개선과 발전을 반대하는 게 아니다.

부탄 사람들은 세상이 변하고 처지가 바뀌어도
사회와 공동체의 마음은 지금 같은 상태이기를 원한다.

나와 가족의 평화.
친구와 이웃 간의 평화.
다른 나라와의 평화.
여태까지 힘들게 지켜왔고 지금 이대로 좋은 평화를
다음 세대에도 계속 이어가길 원한다.

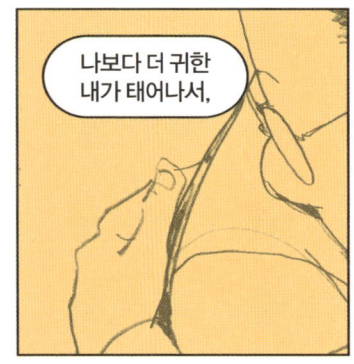

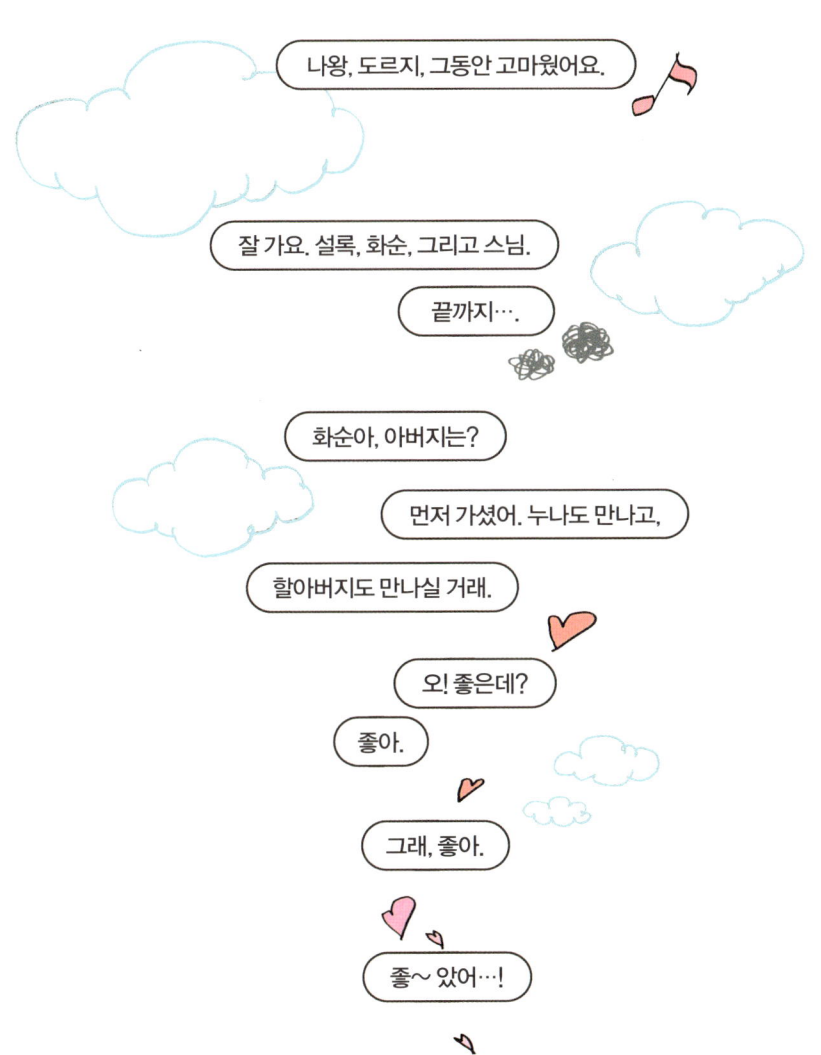

| 작가의 말 |

덴마크 원고를 막 끝낼 즈음, 출판사로부터 『어메이징 디스커버리』 두 번째 나라로 '부탄'을 추천받았을 때 머릿속에 하얀 히말라야의 어느 산자락과 잿빛에 가까운 쓸쓸한 땅 말고는 떠오르는 게 없었다.

부탄에 사는 사람들의 행복지수가 높다는 것도 그 나라 왕가가 쏠쏠하게 재미있는 이야기를 담고 있다는 것도 그전에는 몰랐다. 나로서는 아마존의 밀림보다 생소한 곳에 발을 들여 만화의 소재를 찾아 탐험할 용기가 선뜻 나지 않았다.

초등학교부터 대학원까지 교과서에서도 한번 본 적 없는 곳에 대해 처음부터 끝까지 말 그대로 '디스커버리'해야 할 처지에 놓여버린 터라, 몇몇 지인들에게 "출판사가 글쎄 나라 이름만 알고 아무것도 모르는 부탄에 날 보내려고 한다"라고 푸념을 토로했다. 그런데 대부분의 반응이 "어메이징!"이었다.

알려지지 않은 나라라서 신비롭고 호기심이 생긴다는 거였다. 그래도 위로가 되지는 않았다. 가서 보고 배우고 이야기를 만드는 고된 일을 수행해야 하는 건 어차피 만화가의 몫이니까.

그런데 놀라운 일은 경유지 방콕에서 비행기를 갈아타는 순간부터 벌어졌다. 비행기 꼬리날개에 거창하게 노란색 용 한 마리를 그려넣은 '드룩에어'에 몸을 실으면서 시작된 여행은, 무엇이 실상이고 무엇이 환상인지 혼재한 것 같은 진귀한 체험이었다. 그 기분은 일정을 모두 소화하고 돌아올 때 다시 탄 드룩에어에서 내릴 때까지 이어졌다.

산골 마을들을 돌아다닌 것처럼 작은 감성이지만 히말라야산맥의 전설을 훑은 것처럼 커다란 경험이었던 복합적인 기록을 글과 그림에 어떻게 다 담을 수 있을까?

부탄은 지금도 천천히 변화하고 있는 나라다. 세계의 정치, 문화, 경제, 제도권의 시야가 닿지 않는 곳에서 은밀하게 서서히 모습을 바꾸고 있는 곳이다. 그래서 사람들은 그 미지의 가능성을 보고 부탄을 마지막 샹그릴라라고 부르나 보다.

"나는 부탄에 다녀왔다"라고 으쓱대며 친구들에게 얘기를 늘어놓으며 "그렇게 화들짝 놀랄 정도는 아니더라. 막상 가서 보면 다 같은 사람 사는 세상일 뿐이다"라고 말하고 돌아서지만, 이성의 헤아림이 살피지 못하는 가슴 어딘가에서 나만 아는 은은한 놀라움이 느껴진다.

돌이켜보면 방콕의 공항은 부탄이라는 잠에 빠졌다가 다시 깨어나는 경계였다.

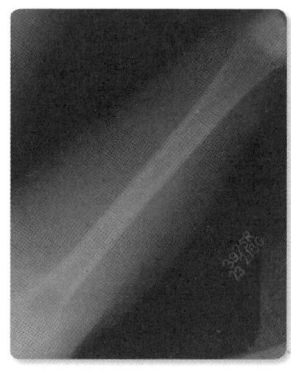

다리를 다친 필자가 골절이 염려돼서
팀푸 국립병원에서 진료받고 찍어온 엑스레이

감수 윌리엄 리

부탄문화원장, 한국부탄우호협회장, 부탄관광청 및 부탄상공회의소 한국사무소 대표를 맡고 있다. 1982년 설립된 한국부탄우호협회 산하의 부탄문화원은 한국과 부탄 사이 민간단체 간의 문화, 예술, 미디어, 산업 등의 활발한 교류를 위해 힘써오고 있다. 부탄행복명상아카데미, 부탄템플스테이, 부탄GNH정책과정, 부탄영화제 등 다양한 프로그램을 운영하며 한국에 부탄이 추구하는 행복의 가치를 전하기 위해 노력하고 있다.

교양만화로 배우는 글로벌 인생 학교

어메이징 디스커버리 ❷ 부탄

초판 1쇄 발행 2019년 2월 27일   초판 2쇄 발행 2019년 4월 22일

지은이 김재훈
펴낸이 연준혁

출판 1본부 이사 배민수
출판 1분사 분사장 한수미
책임편집 최연진
디자인 김준영

펴낸곳 (주)위즈덤하우스 미디어그룹   **출판등록** 2000년 5월 23일 제13-1071호
제조국 대한민국   **주소** 경기도 고양시 일산동구 정발산로 43-20 센트럴프라자 6층
전화 031-936-4000   **팩스** 031-903-3893   **홈페이지** www.wisdomhouse.co.kr

ⓒ김재훈, 2019

값 13,800원
ISBN 979-11-89709-96-9 74900
         979-11-89709-97-6(세트)

*인쇄·제작 및 유통상의 파본 도서는 구입하신 서점에서 바꿔드립니다.
*이 책의 전부 또는 일부 내용을 재사용하려면 반드시 사전에 저작권자와 (주)위즈덤하우스 미디어그룹의 동의를 받아야 합니다.

* 이 도서의 국립중앙도서관 출판예정도서목록(CIP)은 서지정보유통지원시스템 홈페이지
  (http://seoji.nl.go.kr)와 국가자료종합목록시스템(http://www.nl.go.kr/kolisnet)에서
  이용하실 수 있습니다. (CIP제어번호 : CIP2019004279)